L'UTOPIE SOCIALISTE

ET

LE TRAVAIL

SIMPLE ÉTUDE

suivie de **Conseils aux Travailleurs**

PAR

M. H. DAUDIN

Propriétaire-Agriculteur, ancien Président de la Société agricole
et industrielle de l'Oise

PARIS

E. DENTU, ÉDITEUR

LIBRAIRE DE LA SOCIÉTÉ DES GENS DE LETTRES

et de la Société des Auteurs dramatiques

PALAIS-ROYAL, 17 ET 19, GALERIE D'ORLÉANS

L'UTOPIE SOCIALISTE

ET

LE TRAVAIL

SIMPLE ÉTUDE

suivie de **Conseils aux Travailleurs**

PAR

M. H. DAUDIN

Propriétaire-Agriculteur, ancien Président de la Société agricole
et industrielle de l'Oise

PARIS

E. DENTU, ÉDITEUR

LIBRAIRE DE LA SOCIÉTÉ DES GENS DE LETTRES

et de la Société des Auteurs dramatiques

PALAIS-ROYAL, 17 ET 19, GALERIE D'ORLÉANS

A MONSIEUR THIERS

Président de la République française.

Monsieur le Président,

C'est à vous que j'ai voulu dédier ces simples réflexions sur le travail. N'êtes-vous pas la plus haute personnification du travailleur, dans l'acception la plus large et la plus élevée de ce grand nom? Si le raisonnement et l'expérience m'ont appris que le travail, pris en général, est le fondement le plus sûr des fortunes particulières et de la prospérité publique ; c'est vous qui m'avez fait comprendre comment le travail intellectuel élève l'âme et élargit devant nous les horizons du grand et du beau! Bien jeune encore, je visitais, avec une admiration naïve, les sites sublimes de nos Pyrénées : je voyais de la terrasse de l'antique abbaye de Saint-Savin le spectacle merveilleux de la vallée d'Argelès ; je tenais à la main un livre, dans lequel était retracé, trait pour trait, le tableau magique qui s'offrait à mes yeux charmés. Ce livre avait pour titre : *Les Pyrénées*, et pour auteur un jeune homme appelé M. THIERS. J'ai toujours gardé une vive sympathie pour celui qui m'a initié au sentiment des beautés de la nature.

Je vous ai vu avec bonheur acquérir sans cesse de nouveaux titres à l'estime et à l'admiration du monde. Grand écrivain, historien éminent, orateur habile, économiste profond, homme d'Etat supérieur, le travail vous a donné tous les genres d'illustration, jusqu'à faire de vous le sauveur et le restaurateur de la France.

J'ose donc espérer que vous verrez sans déplaisir votre nom en tête de ce modeste écrit. Parvenu bientôt au terme d'une carrière utilement remplie, je ne puis avoir d'autre désir et d'autre ambition que de vous offrir le témoignage de mon profond respect et de mon absolu dévouement.

H. DAUDIN.

L'UTOPIE SOCIALISTE.

—

Le socialisme, dénomination vague d'un projet radical de rénovation sociale, a, depuis un certain nombre d'années, le privilége d'occuper et même de passionner les esprits. Beaucoup de personnes se sont effrayées de ces idées, qu'elles regardent comme subversives. D'autres y attachent un espoir chimérique, croyant déjà entrevoir le règne de la félicité universelle.

Il importe de démontrer que ces craintes et ces espérances sont également exagérées ; qu'aucun système pratique et nettement défini n'a encore été exposé par les apôtres de la prétendue réforme sociale ; que, sauf les améliorations successivement introduites dans les institutions, aucune société ne peut subsister, sans être assise sur les bases impérissables de la propriété, fruit du travail et de la famille, perpétuée par l'hérédité.

Il est impossible de considérer comme des projets sérieux et réalisables, même à titre d'essai, certaines formules abstraites, lancées comme une menace, contre l'ordre social établi dans tous les temps et chez tous les peuples.

On peut citer, comme un spécimen de ces bombes incendiaires jetées au milieu des masses, le mot attribué à Proudhon, « la propriété, c'est le vol. » — Les phrases nuageuses de prétendus économistes, qui se vantent d'avoir résolu le problème de l'alliance du travail et du capital. — Ces propositions extravagantes, émises par certains publicistes, sous le règne de la Commune : — la femme libre, — l'abolition de la famille, — la suppression de l'hérédité. — Enfin, comme couronnement du programme, le grand mot de liquidation sociale.

En présence de ces monstrueuses aberrations, il faut proclamer les principes éternels de la morale et de la justice.

1° La propriété est inviolable. Elle est surtout respectable dans son origine, parce qu'elle a été acquise par le travail du possesseur actuel ou de ses auteurs ;

2° C'est le travail persévérant, combiné avec l'épargne, qui produit le capital ;

3° La famille est la base de l'état social. L'hérédité conserve et continue la famille. L'une et l'autre sont le principal stimulant du travail et de l'activité sociale ;

4° Enfin, la liquidation sociale ou le partage égal entre tous, des valeurs mobilières et territoriales, serait l'anéantissement des sociétés humaines.

Loin de remédier à la misère, cette mesure violente la rendrait profonde, universelle et à jamais incurable.

I.

Prenons la société dans l'enfance : Une peuplade de sauvages, venant s'établir dans une contrée encore inhabitée, où la terre appartient au premier occupant. Le premier soin de chaque chef de famille, — car il y a une famille, même dans les sociétés primitives, — sera de construire une habitation, une retraite quelconque, destinée à le protéger contre les intempéries. Cette demeure, une fois établie, il en sera le maître et le propriétaire ; il y dépo-

sera ses armes ou les instruments grossiers dont il se
sert pour chasser et pour tirer du sol quelques produits.
Voilà la propriété constituée ; et cette propriété élémen-
taire sera reconnue et respectée. Si, dans quelques cas
exceptionnels, la force vient y porter atteinte, le droit n'en
sera que mieux consacré, par l'intervention de ceux qui
viendront en nombre protéger le faible, et défendre, en
sa faveur, ce droit que chacun entend faire respecter pour
soi-même.

Ainsi, pour toute agglomération d'hommes, le droit
civil existe, indépendamment de toute rédaction, de toute
formule écrite dans un code. Chacun possède, à titre
de propriétaire, ce qu'il a acquis par son travail ou par
son industrie. De ce droit primordial découle nécessairement celui de conserver, d'augmenter la propriété
acquise, par tous les moyens dont l'intelligence humaine
peut disposer, sans porter atteinte au droit d'autrui.

II.

Ce que l'homme a acquis par son travail, et qu'il peut
mettre en réserve, après qu'il a pourvu à la satisfaction
de ses besoins personnels, constitue pour lui un capital.
Le capital est donc, comme la propriété, le produit direct
du travail. Il est une des formes de la propriété ; il est
également respectable, également inviolable. S'il a reçu,
de nos jours, une dénomination particulière et distincte,
c'est que ce nom désigne spécialement une accumulation
de numéraire ou de valeurs fictives, adoptées comme
signe représentatif de valeurs réelles et matérielles, pour
lesquelles on avait besoin de moyens rapides d'échange et
de transmission.

C'est avec le capital qu'on met en œuvre les inventions,
les découvertes, les combinaisons intelligentes, auxquelles

on doit la création ou le perfectionnement d'un art utile, d'une industrie avantageuse à l'humanité. Comme agent de production, il est devenu l'objet de convoitises ardentes, fondées sur l'ignorance des principes de l'économie sociale. On a imaginé que tout homme qui travaille a, par cela seul, le droit de disposer d'un capital.

Il n'a droit qu'à ce capital restreint, qui s'acquiert peu à peu par l'épargne, à celui qu'on peut se procurer, dans la proportion de sa solvabilité, quand on inspire la confiance par sa conduite et par des habitudes d'ordre et de travail intelligent.

On ne saurait trop le répéter, le capital n'est que la propriété accrue par l'économie et par une sage administration. Au point de vue industriel, c'est la propriété mobilisée, pouvant servir de garantie, et comme de levier, à toutes sortes de spéculations et d'entreprises.

Il a été beaucoup fait, de nos jours, pour créer de grandes réunions de capitaux, permettant d'entreprendre des travaux, dont l'importance dépasserait les ressources du capitaliste le plus riche et du spéculateur le plus hardi. C'est par l'association qu'on a pu former ces grandes Compagnies, auxquelles nous devons notre magnifique réseau de chemins de fer.

La division du capital en actions a d'abord permis, à un nombre considérable de personnes, de prendre une part réelle et directe à des opérations vraiment colossales. Puis l'émission d'obligations fractionnées en petites sommes a donné à tous la faculté de s'y associer.

A côté de ces grandes Compagnies, des Sociétés de moindre importance ont appelé les capitaux disponibles vers une foule d'entreprises utiles. Enfin, aux dernières limites du système d'association, on a créé des sociétés coopératives, destinées à produire à bon marché les objets de première nécessité, ou à faire participer chacun des sociétaires au bénéfice résultant de la fabrication ou de la vente de ces denrées.

Ce sont là les seuls exemples sérieux et pratiques de l'association du travail et du capital. La condition essentielle de cette association, c'est la liberté. Le capital doit être attiré vers le travail par la confiance. A la moindre apparence de contrainte, il se retire, et, dans les temps de crise, il devient plus rare et plus exigeant.

III.

Le socialisme nous accordera sans doute que la propriété est parfaitement légitime entre les mains de celui qui l'a acquise directement par son travail ou par son industrie: mais il poursuit de ses anathèmes le propriétaire ou le capitaliste, qui s'est donné seulement, comme on dit, la peine de naître, et qui a trouvé dans un héritage une fortune toute faite.

Il ne faut pas remonter bien loin dans le passé pour trouver l'origine de ces fortunes héréditaires, qui ont toutes pour principe le travail et l'intelligence de ceux qui les ont fondées. Quand un chef de famille a prospéré, il est rare qu'il n'ait pas eu pour stimulant l'idée d'assurer le bien-être et la fortune de ses enfants, ou de ses proches. Les liens de la famille, qu'on ne parviendra jamais à rompre, sont la source la plus pure du bonheur de l'homme ici-bas. C'est pour sa famille et pour ceux qu'il doit laisser après lui, que chacun cherche à créer, à assurer, à augmenter sa fortune. Toute l'activité sociale, toute l'émulation individuelle ont pour but la famille et l'avenir des enfants. Abolir la famille et l'hérédité, si la réalisation de ce rêve absurde et insensé était possible, ce serait rabaisser l'espèce humaine à un égoïsme dégradant, et lui ôter le principe de tous les nobles sentiments.

Quand il serait près de quitter cette triste vie, l'homme isolé de toute affection, n'aurait plus que l'amer regret de ne pouvoir emporter dans la tombe la portion de ses biens qu'il n'aurait pas eu le temps de consumer.

IV.

Dans la guerre qu'ils déclarent à la société, certains novateurs ont proclamé la nécessité d'une liquidation sociale, sans avoir, il est vrai, précisé le sens pratique et la portée réelle qu'ils attachent à ces mots. On peut y rapporter la formule saint-simonienne : « A chacun selon sa capacité et selon ses œuvres. » La pensée fondamentale consiste dans la mise en commun de toutes les valeurs composant la richesse publique et les fortunes particulières. La répartition ou la distribution en sera faite soit par tête, soit dans des proportions déterminées, par des juges qui, probablement, ne manqueraient pas de s'attribuer la meilleure part.

Est-il besoin de démontrer que ces projets, aussi monstrueux que chimériques, sont, avant tout, matériellement inexécutables ? qu'ils renferment en eux-mêmes les éléments d'une perturbation générale et irrémédiable ; ou plutôt, qu'ils impliquent la négation de toute société.

L'égalité des droits, conquête de notre grande Révolution, est fondée sur la raison et sur la justice.

L'égalité réelle et matérielle, que l'on confond trop souvent avec la première, est une chimère et un rêve impossible à réaliser. Il y aura toujours entre les hommes des différences d'aptitude physique et morale ; des inégalités de force et d'intelligence qui détruiraient, en peu de temps, l'égalité matérielle, si on parvenait jamais à l'établir.

On nous rapporte que, dans les temps bibliques, un des fils d'Isaac vendit son droit d'aînesse pour un plat de lentilles. De nos jours, Esaü vendrait sa part dans la liquidation sociale pour un peu de tabac ou pour une ration d'eau-de-vie.

L'histoire nous rappelle quelques exemples de ces essais de partage, presque toujours funestes à ceux qui en ont été les promoteurs, et peu profitables à ceux qui y ont participé. Encore n'a-t-on jamais vu que l'on ait proposé de partager l'ensemble des richesses d'une nation, mais seulement des terres ou des trésors, fruits de la guerre et de la conquête.

Sous la République romaine, la première loi agraire, proposée par Cassius, avait pour but de partager entre les plébéiens les terres conquises dans le Latium. Cassius, accusé d'aspirer à la tyrannie, fut précipité du haut de la roche Tarpéienne.

On connaît la fin tragique des Gracques. Le premier, Tibérius, fit passer une loi agraire et distribua au peuple les richesses d'Attale, roi de Pergame. Il fut assassiné au milieu de ses partisans. Le second, Caïus, fit faire aussi le partage des terres situées dans les pays conquis. Poursuivi jusque dans le temple de Diane, il ne put, même dans cet asile, se dérober au fer des assassins.

Ces largesses faites au peuple, ne détruisirent pas dans Rome, le contraste du luxe effréné et de la plus affreuse misère. Elles n'ont pas empêché, quelques années après, que la République ne fût déchirée par la guerre sociale et par la guerre des esclaves, soulevés à la voix de Spartacus.

L'effet de ces lois populaires avait été si peu satisfaisant, qu'un autre tribun du peuple, Servilius Rullus, ayant proposé une nouvelle loi agraire pour faire vendre au profit du peuple toutes les conquêtes des armées

romaines, cette loi, combattue par l'éloquence de Cicéron,
fut rejetée par le peuple lui-même.

Dans les temps modernes, nous trouvons le système du
trop fameux Babeuf, qui se donnait le surnom de Grac-
chus. Celui-là fut réellement l'auteur d'un grand projet
de liquidation sociale. Il n'y gagna que sa condamnation
par une haute cour de justice.

On trouverait encore des exemples pratiques de lois
agraires, et d'essais partiels de liquidation sociale, dans
le partage du butin et des terres conquises au delà des
mers, par des compagnies de flibustiers. Cependant,
l'égalité ne présidait pas toujours à ces partages, les chefs
s'attribuant souvent la part du lion. Et rarement les
acquisitions, faites par cette voie, ont donné lieu à une
existence normale et régulière, à un bien-être durable et
assuré. C'était la confirmation du proverbe : « Bien mal
acquis ne profite pas. »

Il n'a donc encore été trouvé rien de mieux, pour l'as-
siette et pour le conservation des sociétés humaines, que
la reconnaissance de la propriété individuelle, acquise
d'abord par le travail, accrue et multipliée par l'épargne,
sous la garantie des lois. Puis, la transmission des suc-
cessions à la famille, sous la réserve du droit de tester,
dans certaines limites déterminées.

Toutes ces dispositions sont fort sages. Elles ont subi
l'épreuve du temps, et l'expérience des siècles les a sanc-
tionnées. La société établie sur ces bases a cependant
progressé : elle a éprouvé des transformations succes-
sives, qui sont le vrai socialisme, le socialisme rationnel,
tendant à réformer, dans l'intérêt de tous, les institutions
d'abord établies au profit de quelques privilégiés.

On a vu ainsi disparaître, par degrés, l'esclavage, cette
plaie hideuse de la société antique. Puis le servage, qui
n'était que l'esclavage adouci. Enfin les nombreux abus

résultant de la féodalité ont été emportés par le grand mouvement de 1789. Depuis cette époque, la société moderne se trouve définitivement assise sur les véritables bases du progrès social, celles de l'égalité des droits, de l'égalité de tous devant la loi.

Nous accorderons cependant qu'il reste à tirer les conséquences de ces principes. C'est là ce qui distingue le parti libéral de celui qui, sous le nom de parti conservateur, manifeste quelquefois des arrières-pensées rétrogrades. Ce n'est pas assez d'avoir posé les règles immuables de l'organisation sociale, il faut encore les faire admettre par tous les esprits, et faire accepter les développements naturels qu'elles comportent.

Après avoir proclamé la nécessité du travail, on doit faire en sorte que le travail soit partout honoré et convenablement rétribué. Il faut encourager, aider et même favoriser les travailleurs. Quand l'ordre social est si souvent menacé par des soulèvements populaires, on doit chercher à réduire, à amoindrir l'armée des mécontents, en facilitant au plus grand nombre l'accès de la propriété et l'acquisition du capital. Il faut marcher résolûment dans cette voie, diminuer peu à peu le nombre des individus nécessiteux, qu'on appelle les prolétaires ; en un mot, ceux qui sont parvenus à s'élever de quelques degrés sur l'échelle sociale doivent tendre la main à ceux qui montent, en sorte qu'il ne reste plus en bas que les infirmes de corps ou d'esprit.

Alors le droit à l'assistance publique, reconnu par la Constitution de 1848, s'il est inscrit, comme on doit l'espérer, dans la constitution nouvelle, viendra soulager les misères, malheureusement inséparables des vices et de la faiblesse humaine. L'usage de ce droit ne sera pas un encouragement à la paresse, il devra venir en aide au malheur et à l'indigence imméritée; mais en regard du droit à l'assistance, on inscrira LA NÉCESSITÉ DU TRAVAIL.

Dans toutes les positions et pour toutes les fortunes, il y a un travail nécessaire du corps ou de l'esprit, sans lequel le corps s'alourdit et les facultés s'éteignent. Que chacun, en travaillant, selon sa force et ses moyens, donne un grand enseignement et un bon exemple ; le bien-être individuel augmentera d'une manière sensible, et la prospérité générale, aujourd'hui si compromise, prendra un développement rapide et inespéré.

LE TRAVAIL.

—

Travaillez, prenez de la peine :
C'est le fonds qui manque le moins.

Telle est la morale de cette fable ingénieuse, dans laquelle un vieux laboureur, annonçant à ses fils qu'un trésor est caché dans le champ qu'il va leur laisser, les amène à fouiller, à retourner ce champ, jusqu'à ce qu'ils aient enfin reconnu, par la fertilité donnée à leur terre, que le trésor dont leur père a voulu parler : C'EST LE TRAVAIL.

Le travail, en effet, est la source de toute production, de toute richesse. C'est lui qui procure d'abord les choses les plus nécessaires à la vie et au bien-être matériel ; puis, ce qui constitue le luxe et les raffinements de la vie civilisée ; enfin, les pures jouissances de l'esprit et les satisfactions idéales qui s'obtiennent par le développement de la pensée. Le travail humain embrasse donc tout ce qui est du domaine de l'homme, depuis les premiers besoins de la vie animale, jusqu'aux plus hautes conceptions de l'intelligence.

Il est à remarquer que plus un travail mécanique a besoin d'être aidé par le calcul et par la réflexion, plus il acquiert de valeur dans l'appréciation qu'on en fait.

Du simple maçon à l'architecte, de l'artisan à l'artiste, il y a une gradation suivie, qui commence à l'effort purement machinal, devient de l'adresse, puis du talent, et peut s'élever jusqu'au génie. Des hommes tels que Phidias, Apelles, Raphaël ou Michel-Ange, avaient avant tout, comme beaucoup de peintres et de sculpteurs, le savoir-faire, l'art de manier habilement le pinceau ou le ciseau. Par l'étude et l'observation attentive de la nature, leur talent s'est élevé jusqu'au sublime. Après avoir excité l'admiration de leur siècle, ils ont conservé, jusqu'à nous, une célébrité qui ne périra jamais.

On ne doit donc pas entendre seulement, par le mot travail, une opération manuelle, un effort du bras et du corps, produit en vue d'un résultat utile. Les actes purement intellectuels, les études spéculatives sont aussi un travail souvent pénible. C'est celui qui, de tout temps, a été placé le premier dans l'estime et dans l'admiration des peuples, parce qu'il suppose des connaissances plus vastes, une capacité plus étendue, et surtout, parce que c'est l'agent le plus puissant du progrès social, celui qui a le plus contribué à améliorer la condition de l'humanité.

Il est bien entendu qu'il ne faut pas ranger parmi les idées spéculatives utiles, celles qui n'ont abouti qu'à agiter les esprits, par des données creuses et sans valeur pratique. On peut, avec raison, leur appliquer cette pensée de Balzac : « Celui qui fertilise un coin de terre, qui per-« fectionne un arbre à fruit, qui fait croître une plante « utile dans un sol ingrat, est bien au-dessus de ceux qui « cherchent de vaines formules pour l'humanité. »

Le travail sérieux a cela d'excellent en lui-même, qu'il ne procure pas seulement des avantages matériels et positifs : il fait aimer l'ordre et l'économie, il relève le moral des individus, il les éloigne de tous les vices qu'engendre l'oisiveté ; en un mot, il régénère.

C'est par le travail seul que la France, dévastée par la guerre étrangère et par la guerre civile, épuisée par des réquisitions, écrasée par une contribution de guerre dont le chiffre dépasse toute proportion, pourra réparer ses désastres et se relever de sa ruine.

On ne peut trop admirer la variété des travaux auxquels peut se prêter l'organisation physique et morale de l'homme. Non seulement il a appris à faire usage de tous les organes qu'il tient du Créateur, mais il a su s'approprier et employer à son profit la force des animaux qu'il a soumis. Tous les éléments qui sont dans la nature : l'eau, le feu, l'air et même l'électricité, sont devenus ses auxiliaires et lui ont fourni des moyens d'action d'une puissance vraiment prodigieuse.

Ne serait-ce pas un spectacle digne d'étonnement et d'admiration que la grande revue de l'innombrable armée des travailleurs, qui concourt incessamment au développement du bien-être général, et dont les œuvres attestent, dans leur progrès, la perfectibilité indéfinie de l'espèce humaine !

Voici d'abord les travailleurs de la terre, ces hommes robustes et patients, endurcis à la fatigue et à l'inclémence du ciel, qui supportent également la température glacée des hivers et la chaleur torride de l'été. Ils retournent, ils cultivent, ils fertilisent le sol. Il s'occupent, avec une infatigable activité, à en récolter toutes les productions. Ils sont aidés, dirigés dans leurs travaux par d'habiles praticiens, dont l'expérience prévoit et surmonte toutes les difficultés.

Après eux, tous les adroits artisans et constructeurs, habiles à travailler le bois et les métaux, inventent, perfectionnent et réparent les instruments dont on se sert dans l'agriculture et dans l'industrie.

Puis viennent les hardis ouvriers du bâtiment, depuis

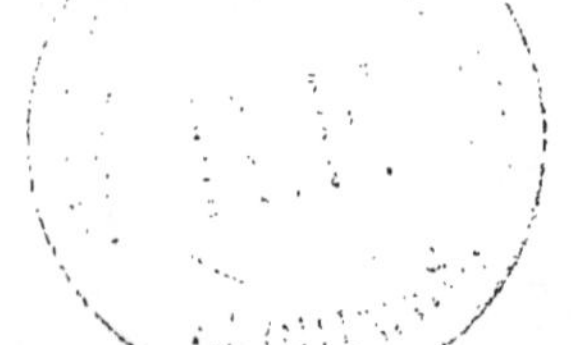

le simple manœuvre, le maçon, le charpentier, jusqu'à
l'architecte, dont ils réalisent les plans. Toutes les cons-
tructions rurales, toutes celles dont l'agglomération forme
les villes, sont sorties de leurs mains. Ils ont bâti d'humbles
chaumières, des maisons solides ou élégantes, des palais
splendides et les édifices consacrés au culte.

Des décorateurs de tout genre, remarquables par l'ima-
gination ou par le goût, ornent, embellissent toutes ces
demeures. D'autres les garnissent de meubles nécessaires
ou de meubles de luxe, et de tous les objets de nécessité
ou de fantaisie dont aucune habitation n'est dépourvue.

Ceux-ci confectionnent tout ce qui sert à vêtir l'homme.
Les vêtements indispensables, d'abord grossiers, deviennent commodes et même élégants ; chauds ou légers,
selon le climat et la saison. On y joint tous les ornements,
tous les accessoires que comporte la mode ou la fantaisie.
En ce sens, le goût du luxe va quelquefois jusqu'au
ridicule.

De nombreux ouvriers des deux sexes, réunis, comme
dans des ruches immenses, dans de grandes usines ou
de vastes ateliers, apprêtent, avec adresse et persévérance,
les matières premières : la laine, le coton, le lin, la soie,
et fabriquent des étoffes d'une variété infinie de tissu et
de coloris.

Ailleurs, plongés dans les profondeurs de la terre, un
peuple de mineurs, courageux et résignés, vit loin de la
clarté du ciel, pour extraire le minerai et la houille
qui doivent alimenter les hauts fourneaux et les grandes
usines.

Ainsi, partout la fourmilière humaine s'agite et travaille. Chacun a sa tâche à remplir et son fardeau à
porter.

Les moins occupés ne sont pas ceux qui paraissent
avoir le plus de loisirs : ceux qui, voués par leur position

et par l'éducation qu'ils ont reçue, à une profession libérale, s'adonnent à l'étude aride des lois, des questions
administratives ou économiques : ceux qui se livrent à l'art
de guérir et de soulager les maux de leurs semblables.

D'autres, doués d'une aptitude ou d'une vocation particulière, cultivent les arts, qui élèvent l'esprit et délassent
l'homme de ses travaux. Leur perfection est le témoignage
le plus éclatant des progrès de la civilisation des peuples.

Puis viennent les penseurs, ceux qui approfondissent
les hautes questions de l'économie sociale ; ceux dont
l'esprit inquiet et curieux essaie de percer, par l'étude des
phénomènes de la nature, le grand mystère de l'origine
des choses.

La presse, grâce à l'invention immortelle de Guttem-
berg et à l'active intelligence des nombreux agents qu'elle
emploie, multiplie les œuvres de la pensée, les répand
sur le monde, et, semblable au soleil, « verse des torrents
de lumière sur ses blasphémateurs. »

Le ministre de la religion lui-même, qui soutient, qui
console les âmes chancelantes, et qui aide à bien vivre et
à bien mourir, accomplit aussi un travail difficile et
digne de tous les respects. Il est un proverbe, dont l'or-
thodoxie pourrait être contestée, mais qui fait bien comprendre ce qu'il y a de grandeur et presque de sainteté
dans le travail : « Travailler, c'est prier. » On pourrait
dire également : « Prier, c'est travailler. »

Ce rapprochement entre le travail et la prière me rappelle à la mémoire un distique latin du poète anglais
Owen, que je citerai pour les lettrés qui voudront bien
me lire. Je désire qu'on n'y voie pas une épigramme,
mais un simple jeu de mots, qui ne peut se rendre en
français :

Presbyteri lablis orant, laïcique laborant.
Plebs, dum pro populo presbyter orat, arat.

A côté de la grande armée des travailleurs, il ne faut pas oublier la véritable armée : celle qui se dévoue à une vie de privation et de fatigue, et qui verse son sang pour la défense du pays. Nous croyions toucher, hélas ! à une grande époque de pacification universelle, où les peuples frères ne rivaliseraient plus que dans les arts de la civilisation et de la paix. Par une provocation insensée, suivie du plus monstrueux abus de la force, la réalisation de ce beau rêve se trouve indéfiniment ajournée : c'est un sujet de deuil et de d'affliction pour tous les amis de l'humanité.

Après les soldats, les marins, leurs dignes émules, sillonnent toutes les mers, à travers mille dangers, pour répartir entre les peuples les productions naturelles et industrielles de chaque contrée. Ils vont montrer au loin et défendre, au besoin, le pavillon de leurs nations respectives.

Ce que nous avons dit de l'activité intelligente de l'homme pour le travail s'applique également à la femme, qui prend sa part des travaux les plus pénibles avec l'ardeur de sa nature impressionnable. Beaucoup d'occupations conviennent surtout à la délicatesse des mains féminines. Quel travail plus méritoire et plus digne de notre reconnaissance et de nos respects que ces soins assidus donnés à l'éducation des enfants et à tous les détails du ménage ; que ce dévouement de femme, de mère et de sœur qui charme l'existence de ceux qu'elle aime, et qui la porte à veiller au chevet des malades et des blessés !

C'est ainsi que chacun, ici-bas, doit payer sa dette à l'humanité ; que chacun doit participer à l'œuvre commune. Le travailleur, en créant son propre bien-être et celui de sa famille, remplit un rôle utile à tous par le concours individuel qu'il prête au progrès général. Le travail doit donc être honoré sous toutes ses formes. Le travailleur consciencieux et assidu a bien mérité de ses semblables.

Dans une société comme la nôtre, les instruments de travail et les occasions de travailler ne manquent pas. On a fait, dans ces derniers temps, un singulier abus de mots et une étrange confusion d'idées, en proclamant ce qu'on appelait : *le droit au travail*. Il est vrai que ce droit prétendu n'a jamais été défini. A-t-on voulu dire : que chacun, en choisissant le travail qui lui plaît, a le droit d'en régler lui-même et d'en imposer les conditions ? Il suffit d'énoncer cette proposition, pour reconnaître qu'elle est absolument inadmissible.

On a avancé encore une autre formule, celle de *l'organisation du travail*. Ceux qui ont cru émettre une théorie nouvelle, sont tout simplement arriérés de plus d'un siècle dans leurs idées économiques. On avait, sous l'ancien régime, *l'organisation du travail*, quand les états étaient partagés en corporations ou en corps de métiers ; quand chacun d'eux avait, dans l'établissement des jurandes et maîtrises, une juridiction et une hiérarchie particulières.

Nous sommes bien loin de dénier à qui que ce soit *le droit au travail*, puisque nous proclamons qu'il est pour tous un devoir ; et nous avons mieux que l'organisation du travail, nous avons *la liberté du travail*.

S'il est reconnu que chacun a le devoir de travailler, dans son intérêt propre, et pour le bien de la société, chacun du moins peut choisir ce qui convient le mieux à son aptitude et aux circonstances dans lesquelles il est placé. Chacun peut en débattre et en discuter les conditions, et a le droit de chercher à obtenir le prix le plus largement rémunérateur. On doit reconnaître que l'augmentation rapide et progressive du taux des salaires et de la main-d'œuvre tend à donner de plus en plus aux travailleurs la satisfaction qui leur est due.

C'est donc une vérité incontestable que le travail est une nécessité impérieuse de la vie sociale. On peut faire une application générale de ce précepte, que M. H. Taine, dans ses *Notes sur l'Angleterre*, nous donne comme particulier à la nation anglaise : « L'opinion et la morale « disent à l'homme : Travaille et concours à quelque « œuvre utile, sinon, tu n'es pas un homme, et tu n'as « pas le droit de t'estimer. »

CONSEILS AUX TRAVAILLEURS.

—

Après avoir proclamé la nécessité du travail ; après avoir exposé combien tout travail utile est digne de faveur et de respect, il convient de donner quelques conseils, propres à faire connaître aux travailleurs, de toutes les positions et de tous les états, le moyen de tirer le meilleur parti de leur talent, et d'acquérir, avec l'estime générale, le contentement et la satisfaction intime, que donnent une bonne conscience et le sentiment du devoir accompli.

Je n'ai pas la prétention de faire la leçon à ce qu'on appelle « les gens du monde, » et de leur dire comment ils doivent se conduire envers les autres et envers eux-mêmes. Celui qui n'aura pas puisé, dans une éducation libérale, des principes solides, qui lui enseignent ce qu'il doit faire et ce qu'il doit éviter, ne sera pas ramené par quelques lignes écrites au courant de la plume, et destinées à une publicité éphémère. Il suffit de rappeler que les plus hautes positions sociales, les fortunes les plus considérables, ne dispensent pas celui qui les possède de se créer des occupations utiles et sérieuses. Que si l'homme naît avec toutes les passions de la brute, il a reçu de sa sociabilité, développée par l'éducation, et du rayon divin qui l'éclaire, les moyens et l'obligation de leur résister et de les vaincre.

Tout ce qui a été, dès la plus haute antiquité, proposé aux hommes comme règle de conduite ; tous les préceptes, dont l'observation rigoureuse a placé ceux qui s'y sont soumis au rang des hommes bons et vertueux , offrent les moyens les plus sûrs de trouver le bonheur, et d'éviter les maux auxquels la faible humanité est exposée ici bas. Dans cette lutte continuelle, que chacun doit soutenir contre les impressions extérieures et contre soi-même , on rencontre une grande inégalité de difficultés et de mérites. Il y a des situations et des caractères pour qui.tout est facile ; des êtres privilégiés, qui n'ont qu'à se laisser aller au courant de la vie, pour mener une existence correcte et régulière.

La société ne tient pas compte de ces différences. Elle exerce sur chacun de ses membres une sorte de police, qui n'est souvent ni bienveillante ni impartiale. Elle aime à trouver les gens en défaut ; elle les condamne sans les entendre, et sans avoir égard aux circonstances, que d'ailleurs elle ne connaît pas. Heureux celui qui peut trouver dans ses ressources personnelles et dans une certaine indépendance d'esprit, les moyens de se mettre au-dessus des faux jugements de l'opinion? Il ne cherche pas à la braver; mais il puise sa force dans le témoignage de sa conscience, et dans la certitude de savoir se suffire à lui-même.

C'est particulièrement à ceux qui vivent de leur travail, ou qui ont besoin de travailler pour vivre, que ces conseils sont destinés, J'ai toujours vécu au milieu de ces estimables travailleurs ; j'ai appris à les connaître, et je me suis toujours intéressé à leur sort. C'est une voix amie qui essaie de leur enseigner ce qu'ils ont à faire pour améliorer leur condition, pour assurer leur avenir et celui de leur famille.

Je passerai successivement en revue les principales conditions dans lesquelles se trouvent les travailleurs des divers états.

I.

L'état de domesticité de celui qui s'engage, au mois ou à l'année , pour être logé et nourri chez des maîtres, exige des qualités particulières ; une certaine souplesse de caractère, une conduite réservée, une tenue convenable et polie. Le domestique de l'un ou de l'autre sexe, qui se conduit honnêtement et fidèlement, de manière à mériter la confiance de celui qu'il sert, est donc essentiellement honorable et digne d'estime. Quelques travailleurs, égarés par une idée de liberté mal comprise, affectent un dédain calculé pour ce nom de *domestique*, peut-être parce qu'ils ne se sentent pas capables de le porter convenablement. Domestique, veut dire : *qui est de la maison*. Cet état implique des habitudes régulières, et exclut nécessairement tous les écarts de conduite qui ne pourraient être tolérés dans une maison qui se respecte. Celui qui entre en service dans cette condition doit s'être formé par une sorte de noviciat préalable, et s'acquitter avec exactitude de la besogne pour laquelle il s'est engagé. Il doit s'attacher à la maison, prendre en tout les intérêts du maître ; gagner par degrés sa confiance, et même son affection. Celui qui a fait ses preuves comme un bon et fidèle domestique s'est d'abord procuré une existence douce et tranquille, et a assuré son avenir par l'épargne faite sur ses gages, dont il a pu économiser la plus grande partie. Il est à regretter que les qualités qui viennent d'être signalées deviennent de plus en plus rares ; que sous le souffle de fausse indépendance qui agite les esprits on tienne par dessus tout *à rester son maître*. On veut conserver une liberté qui n'est, trop souvent, que la liberté de mal faire. On ne rencontre plus de ces dévouements par lesquels une personne à gages arrivait presque à faire partie de la famille. Ceux qui ont conservé ces bonnes traditions et le souvenir de ces bons exemples montrent assez, par l'estime qu'ils inspirent et par les avantages solides qu'ils ont acquis, que l'honnêteté, la bonne volonté et les services dévoués ne restent jamais sans récompense.

II.

Beaucoup d'hommes, de femmes et même d'enfants travaillent, pendant un nombre d'heures déterminé, dans des usines, des ateliers ou des fabriques. Si le travail en commun peut leur offrir des distractions, il présente aussi des entraînements et des dangers. Dans les grands établissements qui occupent un nombreux personnel, la responsabilité des patrons est considérable. Ils doivent avoir établi une règle sévère ; ils ont besoin d'être secondés par des contre-maîtres intelligents et d'une honnêteté éprouvée. De leur côté, tous ceux qui sont employés dans les ateliers doivent respecter l'ordre établi, accomplir leur tâche avec exactitude, et ne jamais perdre de vue cette règle commune aux travailleurs de tous les états : que le but du travail n'est pas de procurer les moyens de satisfaire les passions mauvaises ou les appétits déréglés : que la sobriété, qui donne la santé, facilite l'épargne et procure par elle les moyens d'augmenter graduellement le bien-être individuel, et de fonder, d'une manière durable, l'aisance et la prospérité de la famille. C'est surtout dans l'union, dans les joies de la famille que tous doivent chercher une heureuse diversion au labeur de chaque jour. C'est dans la famille qu'on trouve les plus douces jouissances de la vie, celles qui donnent un bonheur exempt de remords et de regrets. Dans tous les ateliers, surtout dans ceux qui sont fréquentés par des travailleurs des deux sexes, on doit éviter les habitudes trop libres, les propos grossiers, les paroles licencieuses. Les anciens et les modernes ont fait de la chasteté une vertu divine, à laquelle il est difficile d'atteindre ; mais la décence s'impose à tous les âges et à tous les états comme une obligation rigoureuse. Nul ne peut s'y soustraire ; on doit toujours se montrer décent, dans ses actes et dans ses propos, sous peine de perdre le respect des autres et de soi-même.

III.

D'autres travailleurs, appelés journaliers ou manouvriers, sont occupés, hors de chez eux, à différents travaux payés à tant par jour. Ils ont généralement un ménage ou un domicile auquel ils reviennent après la journée faite. Leur intérêt est donc de chercher, dans le voisinage le plus rapproché, les occupations qui leur conviennent. En faisant leur tâche avec soin et en conscience, ils se feront connaître pour de bons et honnêtes ouvriers. L'ouvrage viendra, en quelque sorte, au-devant d'eux, bien loin qu'ils aient à craindre d'en manquer jamais. Ils pourront choisir les meilleurs maîtres, les travaux les plus avantageux et les mieux rétribués. Un homme laborieux et rangé inspire à tout ce qui l'entoure un intérêt sympathique. S'il a le bonheur d'avoir près de lui une femme qui partage ses bons sentiments, ses enfants seront élevés dans les meilleurs principes. Tous seront assurés de trouver des ressources et des occupations selon leur force et leur savoir faire. La famille prospérera, vivra dans une aisance sans cesse accrue par l'ordre et par l'économie. Elle n'aura lieu de porter envie à aucune condition sociale, à aucun état de fortune, car, ainsi que nous l'a dit un fabuliste ingénieux, qui est aussi un profond moraliste : *Ni l'or, ni la grandeur ne nous rendent heureux.*

IV.

Un grand nombre d'ouvriers vivent chez eux, sans quitter leur ménage. Ils y ont établi un atelier, où ils s'occupent à des ouvrages d'industrie ou d'adresse, payés à la pièce ou d'après une quantité déterminée, par des spéculateurs qui fournissent les modèles et la matière première, et prennent le titre de fabricants. Ces différentes industries se sont fixées dans certaines localités, et il est peu de cantons qui n'aient leur spécialité de travail. Toutes ces œuvres attestent la variété d'aptitude à laquelle l'adresse de l'homme peut se prêter.

Ceux qui se livrent à ces travaux, toujours sédentaires, doivent chercher des occasions d'exercice et des distractions, qui laissent intacte l'épargne qu'il leur est possible de faire. C'est dans la vie de famille qu'ils trouveront la plus heureuse diversion à la monotonie de leur travail. La pensée qu'on assure son propre bien-être et l'avenir des siens doit donner un attrait de plus aux distractions que les circonstances et les habitudes locales peuvent procurer : promenades, fêtes musicales, réunions où règne une gaieté décente ; tous passe-temps peu coûteux, qui ne compromettent ni la santé, ni la morale, et ne laissent après eux ni regret ni repentir.

V.

Beaucoup de travailleurs sont fixés dans l'intérieur des villes. Ils peuvent prétendre à des prix plus élevés ; mais aussi les conditions de la vie matérielle et du logement sont plus onéreuses, et surtout les occasions de dissipation et de débauche sont plus fréquentes et plus difficiles à éviter. On a reproché, avec raison, au système conçu pour la transformation de Paris, d'avoir détruit, dans l'intérieur de la ville, les modestes logements où les ouvriers se trouvaient près des ateliers et des magasins qui les occupaient. Ils ont été forcés d'aller habiter les faubourgs ou la banlieue, et au lieu d'être mêlés, comme autrefois, à la bourgeoisie et à la population riche, ils forment une population à part, loin de ce contact heureux, qui rapprochait toutes les classes et toutes les fortunes.

Ainsi mis à l'écart et livrés à eux-mêmes, les ouvriers ont besoin d'une volonté ferme et réfléchie pour ne pas céder à de mauvais exemples et à de fâcheuses suggestions. Le cabaret tente les hommes, le bal public appelle les jeunes filles. Quelles facilités offertes à l'intempé-

rance ! que d'occasions de désordre et d'inconduite !
C'est encore à l'esprit de famille qu'il faut demander le
remède et le souverain préservatif. Que le chef de famille
soit pénétré de sa responsabilité : qu'il veille avec soin
sur les siens. Qu'il pense au devoir que le patriotisme
impose à tous les bons citoyens : celui de contribuer de
toutes ses forces et de tous ses moyens à la régénération
de notre chère France. Qu'on soit bien persuadé de cette
vérité : que la réforme des mœurs publiques doit com-
mencer par celle des individus ; que le pays sera définitivement sauvé et garanti contre les malheurs qui l'ont
accablé, quand on verra, dans chaque famille, des hommes
d'ordre adonnés au travail, des femmes estimables et sans
reproche.

VI.

C'est surtout aux ouvriers des champs, près des-
quels j'ai toujours vécu, que j'aime à m'adresser, avec
une sollicitude toute particulière. Les uns sont attachés
au service des fermes ; d'autres partagent leur temps
entre des travaux d'industrie, qui les occupent à domicile, et les travaux de la culture, auxquels ils prêtent un
concours utile et dévoué. Quand la saison de la récolte
des fourrages, ou des céréales, réclame le secours de
tous les bras disponibles, c'est un heureux usage que
celui qui associe toute la population des campagnes à
participer en nature aux produits obtenus par le cultiva-
teur. Il est rare que, dans les contrées agricoles, tout in-
dividu valide, toute famille active et de bonne volonté
ne puisse, en un mois ou deux consacrés aux travaux de
la moisson, gagner à peu près le pain de l'année. Quel
motif de sécurité que la facilité offerte à ces bons habi-
tants, d'être toujours à l'abri de la disette, et de ne jamais
être atteints par la hausse du prix des céréales, qui pèse
si lourdement sur l'habitant des villes ?

Il y a aussi une des plus sérieuses garanties d'ordre

pour la société tout entière, dans cette union, dans cette solidarité qui existe entre tous ceux qui travaillent à obtenir les productions du sol, les uns par leur intelligence et par l'expérience qu'ils ont acquise, les autres, par leur travail assidu et dévoué. Les travailleurs agricoles sont témoins chaque jour de ces magnifiques phénomènes de la végétation, qui se succèdent avec le changement des saisons. Ils prennent part à la lutte patiente et pénible que ceux qui cultivent la terre ont à subir contre les intempéries, les accidents fréquents et les risques multipliés. Il faut qu'ils s'unissent de tout cœur, et avec un dévouement réel, à ces nobles travaux de la culture, source première du bien-être individuel et de la prospérité publique. Que celui qui, à quelque titre que ce soit, a pris part à la culture d'un champ, prenne un intérêt sérieux à son œuvre ; qu'il en observe les effets, et qu'il s'applaudisse du résultat heureux auquel il a contribué. Il s'affranchira ainsi de la monotonie fastidieuse d'un travail manuel et journalier. Il deviendra réellement producteur d'une des denrées les plus nécessaires. Il sera le collaborateur du chef de l'exploitation, qui saura reconnaître de tels services, et trouvera son intérêt à s'attacher un coopérateur actif et intelligent.

Que ceux, surtout, qui sont chargés de la conduite et du soin des animaux, s'habituent à traiter avec douceur des êtres doués de sensibilité comme eux. Les bons traitements les rendent dociles : ils se révoltent contre la brutalité.

Un homme de culture honnête, exact et laborieux sera toujours recherché ; il ne manquera jamais d'occupation pour lui-même, ni de secours pour sa famille. Il est important pour lui d'être connu dans le pays, et pour cela il faut qu'il y soit fixé. On accepte toujours avec une certaine défiance celui qui, sans motif sérieux, va chercher du travail loin de chez lui. On donne un nom

fâcheux à ces chercheurs d'aventures , et le Code pénal
prononce même une punition sévère contre celui qui a
mérité, par ses habitudes nomades et irrégulières, le nom
malheureux de « vagabond. »

VII.

On peut trouver la preuve des avantages que procurent au travailleur les occupations fixes et régulières , dans l'empressement avec lequel on recherche,
quelque pénibles qu'ils soient, les emplois qui dépendent
d'une administration publique ou d'une grande compa-
gnie. Ce n'est pas qu'ils soient, en général, mieux rétribués , mais ils offrent quelque chose d'assuré, de stable,
ils donnent ce qu'on appelle « une position. » Peut-être
y a-t-il dans ces dispositions à rechercher ce qui tient,
même de loin, aux fonctions publiques, un peu de cette
tendance générale, à laquelle on a donné le nom de
fonctionnarisme. Mais on peut tirer de là une leçon ,
dont les travailleurs et les patrons eux-mêmes peuvent
faire leur profit, il faut en conclure : qu'il est bon que le
travailleur ait un programme tracé, une règle à laquelle il
soit tenu de se soumettre. S'il sait bien ce qu'il doit faire,
il s'attache à son travail, que l'habitude lui rend plus facile. On peut citer comme exemple : les facteurs ruraux,
les cantonniers attachés à l'administration des ponts-et-
chaussées, les employés des chemins de fer, etc. De son
côté, le maître ou le patron , voyant dans celui qu'il oc-
cupe un homme exact et régulier, apprécie de plus en
plus les services qu'il lui rend , il est porté à les mieux
rétribuer ; c'est ainsi que le dévouement des uns appelle
la bienveillance des autres, il s'établit par là une association d'intérêts entre celui qui travaille et celui qui fait
travailler ; c'est la manière la plus simple et la plus ra-
tionnelle de fonder l'accord du travail et du capital.

Concluons de ce qui précède, que, pour les travailleurs

de toute condition, la persévérance dans la tâche entreprise, la régularité de la conduite, qui seule rend l'épargne possible et en conserve le fruit, procurent, avec l'aisance, une existence heureuse et une vieillesse à l'abri du besoin. Celui qui a trouvé une occupation selon son aptitude et selon ses forces doit donc l'accepter résolûment ; aimer son travail et s'y perfectionner, de manière à le rendre de jour en jour plus profitable. Il y a un proverbe vulgaire qui peint bien la stérilité du travail nomade et décousu : « Pierre qui roule n'amasse pas de mousse. » On gagnera toujours à se faire connaître avantageusement, dans le pays où on se trouve placé par les circonstances, et à se fixer là où on est connu, il ne faut pas, comme il est dit dans certaine fable, attendre la fortune dans son lit, mais il ne faut pas trop courir après elle. L'activité, l'ordre, la sobriété, l'honnêteté en toutes choses, qui donnent, avec la santé, une conscience tranquille et l'estime générale, seront toujours les éléments les plus certains du bonheur.

Disons, en terminant, qu'à côté des devoirs des travailleurs et des préceptes qu'on leur enseigne, il y a le devoir non moins sérieux, non moins austère, de celui qui fait travailler moyennant salaire ; il doit être lui-même travailleur, dans la plus large acception du mot. C'est lui qui doit donner l'exemple de l'exactitude et de l'observation scrupuleuse des conventions et de la parole donnée ; il ne doit jamais se montrer avide, mais large et généreux envers ceux qui vivent de leur travail. Il faut qu'il s'attache ceux qu'il emploie, en mettant dans ses rapports avec eux un peu plus que de l'équité, de la bienveillance et de la bonté, il en sera récompensé par le dévouement et par l'affection de tous.

BEAUVAIS, IMPRIMERIE E. LAFFINEUR.